Silly Chilies
Bible Book

Group

Loveland, Colorado
www.groupvbs.com

Fiesta!
Where kids are fired up about Jesus

Art Director: Lisa Harris
Design and Illustration: Illustrated Alaskan Moose

ISBN 978-0-7644-2963-7
Printed in the United States of America.
10 9 8 7 6 5 4 3 2 1   08 07 06

FAITHFUL FRIENDS

One day Jesus went to a nearby town
And people crowded all around.
They cramped and squished into a little house—
There wasn't room left, even for a mouse!

In the house, Jesus spoke about God's love,
But suddenly a noise came from above!
With a shuffle and a scuffle and a dusty "poof,"
Some faces peered in from the roof!

"Our friend is sick," the men cried out.
"He can't jump or walk or move about.
Jesus, we wanted to bring him to you,
But the house was too crowded—
we couldn't get through."

They lowered their friend through the roof just like that.
He lay there so still on his old sleeping mat.
"Your sins are forgiven," Jesus said to the man.
"Pick up your mat, for now you can stand."

With a jump and a yelp and a wiggly leap,
The man hopped up on his own two feet!
And everyone there was truly amazed.
"We have seen incredible things today."

The man praised God as he danced down the street,
Jumping and cheering and stomping his feet.
For the men loved their friend, and Jesus did, too.
Jesus is a friend to me and to you.

(adapted from Luke 5:17-25)

3

LIVELY LAZARUS

A man named Lazarus got sick and died.
His sisters—Mary and Martha—cried and cried.
"If only Jesus had come," they said.
"Then our brother would not be dead!"

A few days later, Jesus came to town.
He saw poor Martha's tears and frown.
"Your brother will rise again," he cried.
And tears rolled down from Jesus' eyes.

Then Jesus walked out to the place
Where Lazarus lay—a little space.
It was called a tomb, kind of like a cave.
He was wrapped and buried in that grave.

"Take the heavy stone away.
And watch what God will do today."
Then Jesus called with a mighty shout,
"Lazarus, my friend, come out!"

And people's mouths dropped open wide,
For something really moved inside!
Wrapped in grave cloths…could it be?
Lazarus stood there for all to see!

Jesus showed everyone God's love and power
When he helped Lazarus that very hour.
Jesus is our life—we know he'll do
Amazing things for me and you.

(adapted from John 11:1-44)

FOLLOW ME

Fishing at the sea one day,
Some fishermen heard Jesus say,

"Follow me, Peter.
Andrew, come, too.
Drop your nets
And join Jesus' crew.

"Follow me, James,
And bring your brother John.
Leave those fish
And come along."

So Peter, Andrew, James, and John
Followed Jesus from that day on.
They trusted and obeyed him and called him friend.
Jesus was their leader till the very end.

(adapted from Matthew 4:18-22)

Jesus, Our Savior

Jesus hung upon a cross.
His good friends cried and cried.
They thought that life would be so sad
When their friend Jesus died.

Jesus died upon a cross.
His good friends buried him.
They didn't understand that Jesus
Died for all the people's sins.

Jesus wasn't in the grave!
His good friends peeked inside.
They heard an angel tell them
That Jesus was alive!

Jesus is our Savior.
His good friends, you and me,
Can live with him in heaven.
What a great day that will be!

(adapted from John 19:17–20:29)

A Special Helper

My name's Ananias,
And I want to tell you all
About a time when God asked me
To help a man named Saul.

Now Saul was pretty mean.
In fact, he hurt 'most anyone
Who believed that Jesus was the Lord,
That Jesus was God's Son.

Saul was traveling on a road
When God's light shone so bright
That Saul was blinded; he couldn't see.
It gave Saul quite a fright!

Then God spoke and said
He had a special job for me.
God wanted me to meet with Saul
To pray and help him see.

I was scared to help old Saul—
I thought he'd hurt me, too.
But I obeyed and did just what
The Lord asked me to do.

And when I put my hands on Saul
And he could see again,
Saul changed his name and changed his life.
Saul became God's friend.

(adapted from Acts 9:1-19)

Adios, amigos!

Fiesta!
Where kids are fired up about Jesus

Group's
Fiesta!
Where kids are fired up about Jesus ™

¡Fiesta!
Cuaderno bíblico

Group®

Loveland, Colorado
www.groupvbs.com

Groups
¡Fiesta!
Donde chicos encuentran a Jesús

Texto bíblico tomado de *La Santa Biblia, Nueva Versión Internacional® NVI®*.
©1999 por la International Bible Society®
Reservados todos los derechos

Directora de arte: Lisa Harris
Diseño e Ilustración: Illustrated Alaskan Moose
Composición: Pagination Publishing Services
ISBN 978-0-7644-2962-0
Impreso en Estados Unidos
10 9 8 7 6 5 4 3 2 1   08 07 06

ISBN 0-7644-31
ISBN 978-0-7644-3

9 780764 43

Jesús es Nuestro Amigo

Amigos con un propósito

Los hombres de esta historia bíblica se subieron al techo de la casa para acercar a su amigo a Jesús. ¿Qué quieres hacer tú para que tus amigos conozcan a Jesús?

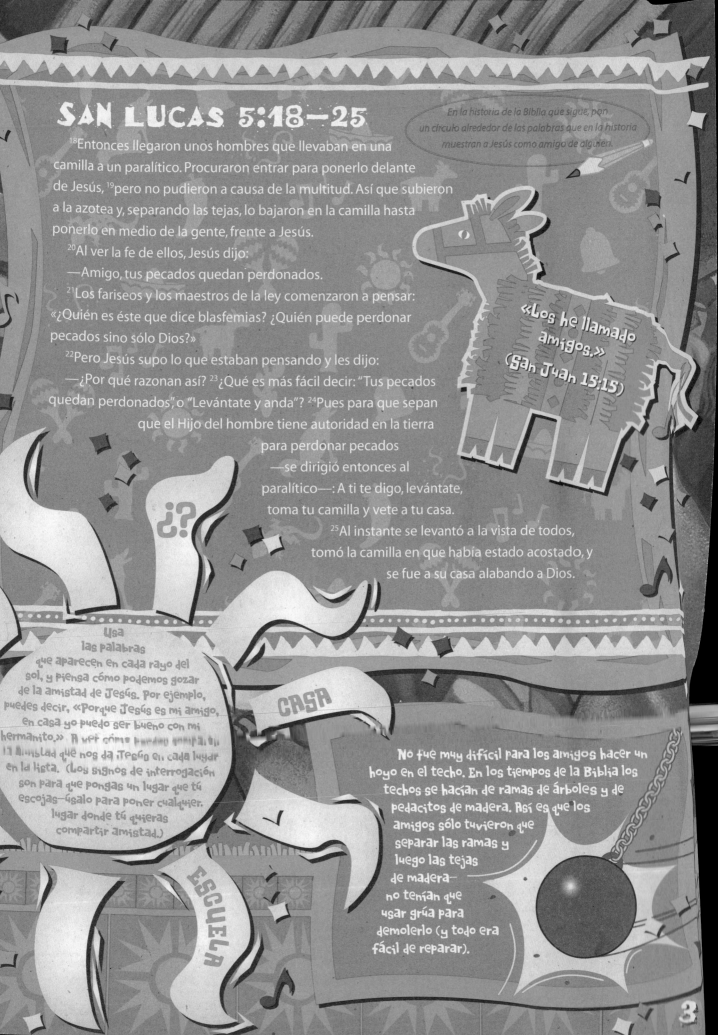

SAN LUCAS 5:18–25

[18]Entonces llegaron unos hombres que llevaban en una camilla a un paralítico. Procuraron entrar para ponerlo delante de Jesús, [19]pero no pudieron a causa de la multitud. Así que subieron a la azotea y, separando las tejas, lo bajaron en la camilla hasta ponerlo en medio de la gente, frente a Jesús.

[20]Al ver la fe de ellos, Jesús dijo:

—Amigo, tus pecados quedan perdonados.

[21]Los fariseos y los maestros de la ley comenzaron a pensar: «¿Quién es éste que dice blasfemias? ¿Quién puede perdonar pecados sino sólo Dios?»

[22]Pero Jesús supo lo que estaban pensando y les dijo:

—¿Por qué razonan así? [23]¿Qué es más fácil decir: "Tus pecados quedan perdonados", o "Levántate y anda"? [24]Pues para que sepan que el Hijo del hombre tiene autoridad en la tierra para perdonar pecados —se dirigió entonces al paralítico—: A ti te digo, levántate, toma tu camilla y vete a tu casa.

[25]Al instante se levantó a la vista de todos, tomó la camilla en que había estado acostado, y se fue a su casa alabando a Dios.

En la historia de la Biblia que sigue, pon un círculo alrededor de las palabras que en la historia muestran a Jesús como amigo de alguien.

«Los he llamado amigos.» (San Juan 15:15)

¿?

Usa las palabras que aparecen en cada rayo del sol, y piensa cómo podemos gozar de la amistad de Jesús. Por ejemplo, puedes decir, «Porque Jesús es mi amigo, en casa yo puedo ser bueno con mi hermanito.» A ver cómo puedes gozar tu la amistad que nos da Jesús en cada lugar en la lista. (Los signos de interrogación son para que pongas un lugar que tú escojas—úsalo para poner cualquier lugar donde tú quieras compartir amistad.)

CASA

ESCUELA

No fue muy difícil para los amigos hacer un hoyo en el techo. En los tiempos de la Biblia los techos se hacían de ramas de árboles y de pedacitos de madera. Así es que los amigos sólo tuvieron que separar las ramas y luego las tejas de madera— no tenían que usar grúa para demolerlo (y todo era fácil de reparar).

3

JESÚS ES NUESTRA VIDA

Cuando Jesús es tu vida, tú...
- hablas con él.
- lees acerca de él en la Biblia.
- haces las cosas que ponen a Jesús feliz.
- les cuentas a tus amigos acerca de Jesús.

SAN MATEO 4:18-22

En la historia que sigue, busca las palabras que enseñan a los pescadores siguiendo a Jesús. Pon las huellas de Cody cerca de ellas.

[18]Mientras caminaba junto al mar de Galilea, Jesús vio a dos hermanos: uno era Simón, llamado Pedro, y el otro Andrés. Estaban echando la red al lago, pues eran pescadores. [19]«Vengan, síganme —les dijo Jesús—, y los haré pescadores de hombres.» [20]Al instante dejaron las redes y lo siguieron.

[21]Más adelante vio a otros dos hermanos: Jacobo y Juan, hijos de Zebedeo, que estaban con su padre en una barca remendando las redes. Jesús los llamó, [22]y dejaron en seguida la barca y a su padre, y lo siguieron.

La gente siempre dice: «El primer lugar es el mejor.» Pero Jesús es nuestro líder, y él nos dice: «Si alguno quiere ser el primero, que sea el último de todos y el servidor de todos.» (San Marcos 9:35)

«Vengan, síganme» —les dijo Jesús. (San Mateo 4:19)

La gente siempre dice: «La venganza es dulce. Dale a cada uno lo que se merece.» Pero Jesús es nuestro líder, y él nos dice: «No resistan al que les haga mal. Si alguien te da una bofetada en la mejilla derecha, vuélvele también la otra.» (San Mateo 5:39)

La gente siempre dice: «Cuando crezcas trata de ser alguien importante, poderoso y rico.» Pero Jesús es nuestro líder, y él nos dice: «Dichosos los pobres en espíritu, porque el reino de los cielos les pertenece.» (San Mateo 5:3)

La gente siempre dice: «Dios no es real. Él no oye nuestras oraciones.» Pero Jesús es nuestro líder, y él nos dice: «Pidan, y se les dará; busquen, y encontrarán; llamen, y se les abrirá la puerta.» (San Lucas 11:9)

Algunos pescadores en los tiempos de la Biblia, usaban redes de más de 5 metros de ancho. Si las pusieran de lado serían casi tan altas como un edificio de dos plantas.

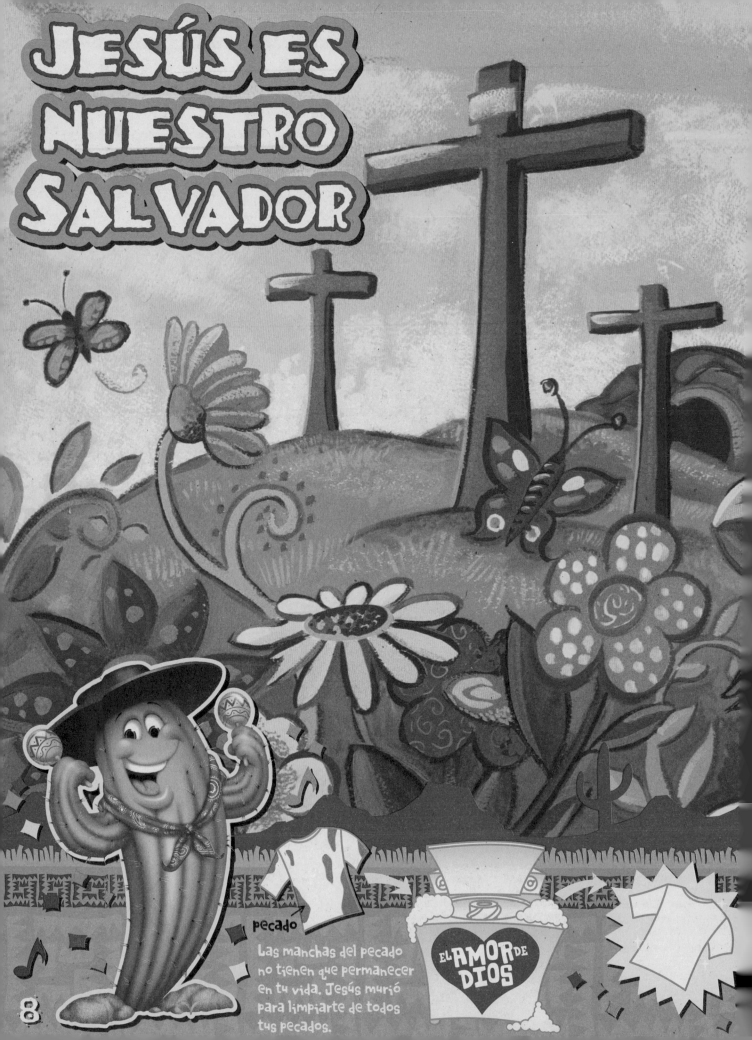

JESÚS ES NUESTRO SALVADOR

pecado

Las manchas del pecado no tienen que permanecer en tu vida. Jesús murió para limpiarte de todos tus pecados.

EL AMOR DE DIOS

8

SAN JUAN 20:1-9

Jesús murió pero vivió de nuevo. Dibuja un pequeño corazón al lado de los versículos que te recuerdan que Jesús vive.

¹El primer día de la semana, muy de mañana, cuando todavía estaba oscuro, María Magdalena fue al sepulcro y vio que habían quitado la piedra que cubría la entrada. ²Así que fue corriendo a ver a Simón Pedro y al otro discípulo, a quien Jesús amaba, y les dijo:

—¡Se han llevado del sepulcro al Señor, y no sabemos dónde lo han puesto!

³Pedro y el otro discípulo se dirigieron entonces al sepulcro. ⁴Ambos fueron corriendo, pero como el otro discípulo corría más aprisa que Pedro, llegó primero al sepulcro. ⁵Inclinándose, se asomó y vio allí las vendas, pero no entró. ⁶Tras él llegó Simón Pedro, y entró en el sepulcro. Vio allí las vendas ⁷y el sudario que había cubierto la cabeza de Jesús, aunque el sudario no estaba con las vendas sino enrollado en un lugar aparte. ⁸En ese momento entró también el otro discípulo, el que había llegado primero al sepulcro; y vio y creyó. ⁹Hasta entonces no habían entendido la Escritura, que dice Jesús tenía que resucitar.

«Porque yo vivo, también ustedes vivirán.» (San Juan 14:19)

Decora la cruz lo más bonita que puedas, y recuerda ... Jesús murió en la cruz para quitar todo lo malo que haces.

Momentos antes de morir, Jesús dijo «tetelestai», que en griego quiere decir «todo se ha cumplido». Esa misma palabra se usaba para decir que una cuenta estaba pagada. Jesús estaba diciendo que, con su muerte en la cruz, nuestros pecados ya habían sido pagados.

CUENTA CANCELADA

CUENTA CANCELADA

9

JESÚS ES NUESTRA AYUDA

LOS HECHOS 9:10-19

Dibuja una pequeña llama al lado del texto que describe la cosa tan difícil que Ananías tuvo que hacer. ¿Qué hizo Jesús para ayudarlo?

¹⁰Había en Damasco un discípulo llamado Ananías, a quien el Señor llamó en una visión.

—¡Ananías!

—Aquí estoy, Señor.

¹¹—Anda, ve a la casa de Judas, en la calle llamada Derecha, y pregunta por un tal Saulo de Tarso. Está orando, ¹²y ha visto en una visión a un hombre llamado Ananías, que entra y pone las manos sobre él para que recobre la vista.

¹³Entonces Ananías respondió:

—Señor, he oído hablar mucho de ese hombre y de todo el mal que ha causado a tus santos en Jerusalén. ¹⁴Y ahora lo tenemos aquí, autorizado pro los jefes de los sacerdotes, para llevarse presos a todos los que invocan tu nombre.

¹⁵—¡Ve! —insistió el Señor—, porque ese hombre es mi instrumento escogido para dar a conocer mi nombre tanto a las naciones y a sus reyes como al pueblo de Israel. ¹⁶Yo le mostraré cuánto tendrá que padecer por mi nombre.

¹⁷Ananías se fue y, cuando llegó a la casa, le impuso las manos a Saulo y le dijo: «Hermano Saulo, el Señor Jesús, que se te apareció en el camino, me ha enviado para que recobres la vista y seas lleno del Espíritu Santo.» ¹⁸Al instante cayó de los ojos de Saulo algo como escamas, y recobró la vista. Se levantó y fue bautizado; ¹⁹y habiendo comido, recobró las fuerzas.

«El Señor es quien me ayuda; no temeré.» (Hebreos 13:6)

Saulo

Pablo

Como Jesús es tu ayudante, puedes entusiasmarte para servir a Dios.

Después que Saulo comenzó a trabajar para Dios—no en contra de Dios—algunas personas comenzaron a llamarle Pablo. Por fuera él era exactamente el mismo, pero por dentro Pablo era un hombre completamente cambiado.

Puedes hacer algo especial cada día para enseñar cómo amas a Jesús; esto es un Reto Diario.

11

¡Fiesta!

Donde chicos encuentran a Jesús

¿ESTÁS LISTO PARA EL RETO?

DÍA 1
Reto Diario

DÍA 2
Reto Diario

¿ESTÁS LISTO PARA EL RETO?

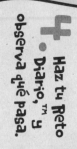

1. Lee el Reto Diario.™

2. Escoge tu Reto para hoy. ¿Cómo vas a mostrar el amor de Jesús hoy?

3. Corta el Reto Diario,™ dóblalo por la mitad, ponlo alrededor de tu muñeca en la mano izquierda, y pégalo con cinta pegante.

4. Haz tu Reto Diario,™ y observa qué pasa.

JESÚS ES NUESTRO AMIGO

1

Cómo se comportan con otros los amigos de Jesús?

¡Escoge un Reto!

- En secreto, haz el trabajo de la casa que le toca a tu hermano o a tu hermana.

- Diles a tus padres ¡cuánto los quieres!

- Ponte del lado de alguien a quien otros están molestando.

¡Fiesta!
Grupos
Donde chicos encuentran a Jesús

- Comparte con alguien tu sabrosa merienda— es más, quizás puedes darle ¡la mitad o la porción más grande!

- ¡Invítale a alguien que te acompañe para el resto de la Fiesta (para que tu amigo pueda conocer a Jesús también)!

JESÚS ES NUESTRA VIDA

2

Cuando Jesús es tu vida, él es lo más importante en la vida para ti. Eso quiere decir que tú puedes...

¡Escoge un Reto!

- Dibujar un cartelón que enseñe cuánto tú amas a Jesús. Ponlo en un lugar donde toda tu familia lo vea.

Santa Biblia
Nueva Versión Internacional

- Marcar tu Biblia, poniendo un marcador en el Tesoro Bíblico para hoy. (Deuteronomio 6:5). Léelo con tu familia antes de irte a la cama esta noche.

- Orar y pedirle a Dios por tu ciudad. Hazlo desde un parque o desde otro lugar público.

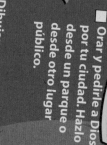

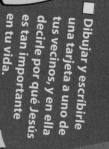

- Dibujar y escribirle una tarjeta a uno de tus vecinos, y en ella decirle por qué Jesús es tan importante en tu vida.

DÍA 3
Reto Diario

DÍA 4
Reto Diario

DÍA 5
Reto Diario

JESÚS ES NUESTRO LÍDER · 3

Si Jesús es tu líder, la gente se dará cuenta de que tú haces las cosas ¡a la manera de Dios! Eso quiere decir que tú puedes...

¡Escoge un Reto!

- ☐ Obedecer a tu papá o a tu mamá...¡la primera vez que te pida algo!

- ☐ Darle un abrazo a alguien que se ve solitario y decirle que Dios se preocupa por todo el mundo.

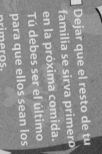

- ☐ Dejar que el resto de tu familia se sirva primero en la próxima comida. Tú debes ser el último para que ellos sean los primeros.
- ☐ Perdonar a alguien después de que te ofende.

JESÚS ES NUESTRO SALVADOR · 4

¿Cómo puedes darle las gracias a Dios porque mandó a Jesús a ser tu salvador?

¡Escoge un Reto!

- ☐ Escríbele una cartita a Dios, dándole las gracias por el regalo de Jesús.

- ☐ Da gracias a Jesús porque te salvó.
- ☐ Cuéntale a uno de tus hermanitos acerca de la muerte y la resurrección de Jesús. Dile lo que Jesús significa para ti.
- ☐ Lee San Juan 19:17-20:29 con tu familia. Luego ora con tu familia.

JESÚS ES NUESTRA AYUDA · 5

Jesús te va ayudar a hacer cosas difíciles. Eso quiere decir que él te va ayudar a...

¡Escoge un Reto!

- ☐ Darle tu merienda a alguien que tenga hambre.

- ☐ Hacer algo que no te gusta hacer (pero hacerlo con una sonrisa).
- ☐ Tratar de hacer una amistad con alguien que se sienta solo.

- ☐ Alejarte y darle la espalda a una discusión.
- ☐ Perdonar a alguien que se porte mal contigo.